novum premium

ERNST GÜNTHER

ABENTEUERLUST

DAS LEBEN ERLEBEN

novum premium

Bibliografische Information
der Deutschen Nationalbibliothek:

Die Deutsche Nationalbibliothek
verzeichnet diese Publikation in
der Deutschen Nationalbibliografie.
Detaillierte bibliografische Daten
sind im Internet über
http://www.d-nb.de abrufbar.

Gedruckt in der Europäischen Union
auf umweltfreundlichem, chlor- und
säurefrei gebleichtem Papier.

ISBN 978-3-99130-104-2
Lektorat: Thomas Ladits
Umschlagfoto:
Evgenyatamanenko | Dreamstime.com
Umschlaggestaltung, Layout & Satz:
novum Verlag

www.novumverlag.com

Climate neutral
Print product
ClimatePartner.com/16547-2201-1002

Inhaltsverzeichnis

Danksagung

Meinen Eltern gilt mein Dank in besonderer Weise.
Sie haben in mir den Grundstein gelegt für
meine Entwicklung und meinen Lebensweg.

Ich komm nicht los

Ich komm nicht los von ihr
und komm auch nicht zusammen,
das Glück gesucht weit fort von ihr,
gefunden nur Täuschung und Verdammen.

Ich komm nicht los von ihr,
doch find ich die Erfüllung nicht,
die Seele treibt mich immer wieder fort von ihr,
scheinbares Glück zerbricht.

Warum, o Gott, tu ich das,
was gilt es da zu finden,
wartet doch noch irgendwas,
kannst du es begründen?

Ich vertraue doch auf mein Gespür
und glaube fest daran,
entscheide mich dafür
und gehe voller Mut voran.

Und doch, es zeigt sich immer wieder,
unsere Bindung ist so stark, so groß,
zerreißt nicht ihre Glieder,
lässt mich nicht mehr los.

Warum, o Herr, ist das so,
ist das Glück nicht in der Ferne,
such ich vergeblich wo,
merke nicht, wie ich mich mehr und
mehr davon entferne?

Wiedersehen

Der Gedanke ist schon da,
sagst du dazu Ja,
nach der langen Zeit,
bist du schon bereit?

„Ist auch für mich wichtig“,
schreibst du darauf züchtig,
der Tisch ist reserviert,
ich freu mich ungeniert.

Da kommst du schon dahergegangen,
ich seh dich, bin gefangen,
umarme dich ganz leicht,
meine Angst, sie weicht.

Fragen, plaudern, essen,
lassen Vergangenheit vergessen,
Blicke treffen sich,
berühren mich.

Die Hand, sie öffnet sich,
kommst mir entgegen, berührst auch mich,
umschlingen aneinander zart,
was war doch diese Trennung hart.

Mein Herz, es blickt in deins,
dein Herz, es blickt in meins,
spüren die Verbundenheit,
über alle Zeit.

Es berührt uns ganz tief drinnen,
flüstert: „Wollt ihr neu beginnen,
neue Wege gehen,
jetzt, nach diesem Wiedersehen?“

„Ja, ich will“,
denk ich still,
spüre unsere Herzen schwingen,
wird es uns gelingen?

Begegnung

Aus dem Nichts braust du daher,
fährst an meiner Seite,
ich frage mich, woher
kommt sie, die ich begleite?

Ein Blick, ein Gruß,
erweckt die Aufmerksamkeit in mir,
ich weiß, ich muss
dich kennenlernen heut und hier.

Das Schicksal fügt die Dinge,
du stoppst, ich bin bei dir,
ich fühle es, als klinge
Musik von Herz zu Herz in mir.

Neben dir zu sitzen, mit dir zu plaudern
ist so wunderschön,
es ist klar, es gibt kein Zaudern,
ich muss dich wiedersehn.

Dein Blick ist wie Berührung,
die mein Sein nun immer spürt,
zarteste Verführung,
die mein Herz berührt.

Das Blubbern der Motoren

Das Blubbern der Motoren,
ich hab es in den Ohren,
den Fahrtwind im Gesicht,
mehr brauch ich nicht.

Das Dröhnen der Motoren,
ich hab es in den Ohren,
die schiere Kraft tut gut,
sie gibt mir wieder Mut.

Das Vibrieren der Motoren,
ich hab es in den Ohren,
massiert mich und die Seele,
die Freud ich nicht verhehle.

Steht mir ins Gesicht geschrieben,
schweb auf Wolke Sieben,
das Donnern der Motoren,
ich hab es in den Ohren.

Genieß die Fahrt mit dir,
öffnet das Herz in mir,
das Säuseln der Motoren,
ich hab es in den Ohren.

Ich mag sie,
lieb sie,
flüstern die Motoren
mir in meine Ohren.

Tief im Herz verbunden,
drehen wir unsre Runden,
das Blubbern der Motoren,
ich hab es in den Ohren.

Die Ausfahrt

Lang geplant und heiß ersehnt
ist der Tag nun da,
der mich glücklich wähnt,
bin ich dir doch nah.

Doch der Himmel ist getrübt,
Nebelschwaden ziehen, es ist kalt,
„Ich bin ganz betrübt“,
sagt das Wetter zu uns halt.

Ach, das kann doch jetzt nicht sein,
jetzt beginnt auch noch der Nieselregen,
bleiben wir daheim
oder sind wir so verwegen?

Wir haben uns so sehr darauf gefreut,
der Mutige gewinnt,
ich hätt es sonst bereut,
wenn wir zu feige sind.

Los, den Startknopf rasch gedrückt,
es bollern die Motoren,
wir sind jetzt so verrückt,
vielleicht sind wir auserkoren.

Raus geht’s aus der Stadt,
wir tauchen ein ins Labyrinth,
wir sehn uns an der Landschaft satt,
erfahren, wie die Kurven sind.

Und flugs, wir glauben's kaum,
lacht die Sonne uns entgegen,
die Ausfahrt wird zum Traum,
für die Seele ist's ein Segen.

Das Herz geht auf,
der Fahrtwind braust,
links, rechts, geradeaus, hinauf,
wie du nur glücklich schaust.

Schon ist das Ziel erreicht,
ich spüre deine Gegenwart,
ein Lächeln dir nicht von den Lippen weicht,
so schön war diese Fahrt.

Ich spüre deine Hand,
die Anspannung, sie schwindet,
es ist da dieses Band,
das uns verbindet.

Dein Blick, er findet mich,
verschmilzt mit mir,
meine Hand, sie streichelt dich,
das Glück ist hier.

Motorrad

Der Motor blubbert vor sich hin,
ich gleite durch das Land,
ich spüre, dass ich BIN,
schön, dass ich dich fand.

Viele Jahre mir verwehrt,
hab ich's jetzt getan,
ich mach in meinem Leben kehrt,
fang ganz von vorne an.

So denk ich und genieß die Fahrt,
empfind die Freude tief,
es war doch ganz schön hart,
wie so mein Leben lief.

In die Kurve rein,
Gas, und wieder raus,
ach, wie ist das fein,
wenn ich durch die Lande braus.

Ich spür es tief in mir,
es pulsiert, vibriert, schaudert mich,
so stark ist das Gefühl zu dir,
Freund auf ewig, sicherlich.

Du bist bereit zu geben,
ohne Wenn und Aber,
vorwärts wir gemeinsam streben,
ist es Liebe? Klingt makaber.

Bist doch nur Metall und seelenlos,
für alle, die es nicht verstehen,
doch wir, wir legen los,
das Glück, ich kann es sehen.

Steht in mein Gesicht geschrieben,
Freude, Lachen, Glück,
so sind wir getrieben,
vorwärts, kein Zurück.

Und wenn zur Ruh ich mich begeb,
seh ich dich vor mir,
spür die Liebe, die ich heg,
mein Motorrad, zu dir.

Der Gedanke

Ein Gedanke geht von mir zu dir,
die Sehnsucht trägt ihn fort,
findet dich an jedem Ort,
ist ein Gruß von mir.

Zärtlich streichelt er dein Haar,
umschmeichelt dein Gesicht
wie warmes Sonnenlicht,
liebevoll und wahr.

Berührt das Herz in deiner Brust,
fühlt die Kraft und Energie,
sehnt sich wie noch nie
nach süßer Wonnen Lust.

Du spürst ihn tief in dir,
küsst ihn voller Glut,
es tut so gut,
Sehnsucht kehrt zurück zu mir.

Ein Gedanke ist's, der uns verbindet,
während Kilometer uns noch trennen,
wir in unsren Welten rennen,
warten, dass die Lieb uns findet!

Du

DU kommst in mein Leben,
DU bist ein Herzbeben,
DU bist ein Sonnenstrahl,
ICH habe keine Wahl.

DU bist Freude pur,
DU bist Lachen nur,
DU bist in meinem Arm,
ICH spüre dich ganz warm.

DU bist Heiterkeit,
DU bist Herzlichkeit,
DU bist eine wunderbare Frau,
ICH spüre es genau.

DU bist voller Zärtlichkeit,
DU bist so scheu und doch bereit,
DU bist voller Liebe,
ICH spür die Sehnsucht und die Triebe.

DU bist so weit fort,
DU bist mein Sehnsuchtsort,
DU hast mich ganz gefangen,
ICH spüre mein Verlangen.

DU berührst mein Herz,
DU bist mein Schmerz,
DU bist Freude und Qual,
ICH bin nicht mehr normal.

ICH bin voller Sehnsucht nur,
ICH bin Liebe pur,
ICH glaub an dich,
DU liebst auch mich.

WIR lassen es geschehen,
WIR werden in die Zukunft gehen,
WIR werden unsere Träume leben,
WIR werden nach den Sternen streben.

WIR gehen Hand in Hand,
WIR entdecken unser Abenteuerland,
WIR schauen nicht zurück,
WIR schenken uns das Glück.

Freude

Ein sanftes Kribbeln im Bauch
breitet sich aus, wird stärker,
ein leiser Hauch
steigt hoch, wird zum Berserker.

Es pocht in meiner Brust,
erfüllt mein Herz,
bereitet zugleich Lust
und Schmerz.

Steigt hoch in mein Gesicht,
berührt mich und mein Sein,
ein Lächeln die Bahn sich bricht,
und das Glück ist mein.

Ich freue mich
und bin bereit,
ich liebe dich
bis in die Ewigkeit.

Frühstück

Die Freude ist so groß,
bald treff ich dich,
was sag ich bloß?
Blamier ich mich?

Eine Blume in der Hand,
ein Buch als kleines Geschenk,
versehen mit einem roten Band,
viele Gedanken, die ich denk!

Sie lächelt, nimmt mich in den Arm,
umarmt mich so selbstverständlich,
ihrer Hände Druck ist warm,
die Freude ist unendlich.

Wir genießen jede Köstlichkeit,
der Kaffee ist ein Gedicht,
mein Herz öffnet sich ganz weit,
seh die andern Menschen nicht.

Bin ganz allein mit dir,
lausche jedem deiner Worte,
denke heimlich ganz bei mir,
gäb's nur mehr von deiner Sorte.

Ja, dann könnt die Welt ganz anders sein,
würde sich verwandeln,
statt Gewalt und Pein
Harmonie und Liebe würden handeln.

Fast schon haben wir ein Paradies geschaffen,
in Gedanken und im Herzen,
flugs ist uns die Zeit davongelaufen,
und wir trennen uns mit Schmerzen.

Dankbar bin ich für die schönen Stunden,
dankbar bin ich für die Worte,
hab das Glück bei dir empfunden,
ach, gäb's nur mehr von deiner Sorte!

Glück

Die Zeit, sie fliegt dahin
und kehrt nie wieder,
wo will ich hin,
wo lasse ich mich nieder?

Wer ist mein Begleiter,
auf diesem meinen Weg,
lacht, ist froh und heiter,
spürt die Gedanken, die ich heg?

Bilder tauchen auf
und ziehen schnell vorbei,
das Leben nahm so seinen Lauf,
Vergangenheit, du bist jetzt frei.

Ja, ich löse mich von dir,
tausche dich in Zukunft ein,
Stillstand klammert hier,
kann nicht das Meine sein.

Es drängt mich immerfort,
hinauszugehen auf neuen Wegen,
zu diesem unbekannten Ort,
dem großen Glück entgegen.

Wird es da sein, auf mich warten,
voller Freude und voll Bangen,
wollen wir doch neu jetzt starten,
voller Liebe und Verlangen.

Uns umarmen und begegnen,
fühlen und berühren,
uns gemeinsam segnen,
und die Liebe spüren.

Diese Sehnsucht ist so tief,
glaube, dass es wartet dort vor mir,
dieses Glück, das mich ewig rief,
finde ich es nun bei dir?

Wolke 7

Du bist dort und ich sitz hier,
du bist fort und nicht bei mir,
sind verbunden in Gedanken,
die sich um unsere Liebe ranken.

Spüren, wie die Sehnsucht uns zerreißt,
erfahren, was es zu lieben heißt,
nehmen wahr das Glück und auch die Pein,
können nicht beisammen sein.

Ach, könnten wir uns doch nur lieben,
dort auf Wolke Sieben,
siehst du sie vor dir,
gleich bist du bei mir.

Liegst dann in meinen Armen,
auf dem Kuschelbett, dem warmen,
berühren, streicheln, küssen, ohne Ende,
spüre deine Hände.

Voll Vertrauen lassen wir uns fallen,
die Engelchöre schallen,
begleiten uns in unser Glück,
es gibt nun kein Zurück.

Es ist der Platz, wo wir uns ganz vereinen,
vor Glück auch manchmal weinen,
wo wir uns jede Nacht ganz innig lieben,
dort auf unsrer Wolke Sieben.

Erst wenn der Tag anbricht,
die Sonne schickt ihr goldnes Licht,
kehren wir zurück
aus unsrer Träume Glück.

Vertrauen

Mein Blick fällt auf dich,
ich klick dich an,
warum kontaktiert sie mich,
was ist da dran?

Deine Worte sind ja nicht zu glauben.
„Vorsicht!“, sagt der Verstand zu mir,
„Sie will dich nur berauben,
wie viele andre hier.“

Und doch, ich schreibe dir,
ein Impuls sagt: „Tu es.“
Der Verstand schickt Misstrauen zu mir,
und doch, ich wag es.

Diese Vorbehalte bring ich zu Papier
und füge dir nur Leiden zu,
der Verstand ist immer hier,
und flüstert: „Gib doch Ruh.

Hör auf und lass es sein,
die Freundlichkeit ist doch nur Schein,
sie wickelt dich nur ein,
sie ist doch so gemein.“

Doch deine Worte mich bewegen,
dein Schicksal mich berührt,
komm ihr doch entgegen,
wie es sich gebührt.

Mein Herz, es flüstert leise:
„Sie braucht dich."
Und auf diese Weise
öffne ich mich.

Spür den Menschen jetzt, der du bist,
spür den Kummer und die Sorgen,
spüre, dass du gibst,
darum chatten wir auch morgen.

Ein kleines Pflänzchen keimt in meinem Herzen,
spürt dein wahres Wesen,
spürt auch deine Schmerzen,
Misstrauen ist gewesen.

Deine Seele offenbart sich mir,
rein und klar,
mein Vertrauen wächst zu dir,
ist jetzt stark und wahr.

Viele schöne Worte haben wir geschrieben,
gescherzt und auch gelacht,
wo ist deine Gesundheit geblieben,
haben überlegt und nachgedacht.

Wir finden einen Weg
der deine Seele wieder heilt,
es ist ein schmaler Steg,
an dessen Ende die Heilung weilt.

Wir plaudern über die Liebe und das Leben,
schauen nach vorn und nicht zurück,
spürst du das Herz sich regen?
Spürst du ein kleines Glück?

Die Freude ist geboren,
das Vertrauen ist groß,
du bist auserkoren,
ruhst in Gottes Schoß.

Er wird dich heilen,
du darfst im Glauben nicht zaudern,
und derweilen,
lass uns miteinander plaudern.

Zärtlichkeit

Sie ist von Gott gegeben,
bereichert unser Leben,
bis in die Ewigkeit,
meine Zärtlichkeit.

Sie berührt mich und mein Wesen,
wie ein Gedicht, das ich gelesen,
bis in die Ewigkeit,
deine Zärtlichkeit.

So herzen wir einander, die Liebe ward geboren,
streicheln, küssen, lieben, ganz unverfroren,
bis in die Ewigkeit,
unsre Zärtlichkeit.

Sternenstaub

Sanft erwacht der Tag,
zärtlich streichelt mich ein Sonnenstrahl,
wie ich das mag,
genieße seine Wärme überall.

Dein Kopf auf meiner Schulter ruht,
bist noch tief im Land der Träume,
ach, wie gut das tut,
wandern durch die Seelenräume.

Spüre dich an meiner Seite,
deine Sanftheit und dein Glück,
fliegen durch diese unbegrenzte Weite
auf die Erde nun zurück.

Ein heller Glanz umhüllt dein Haar,
so schön, dass ich's kaum glaub,
dein Antlitz ist so klar,
erstrahlt im Sternenstaub.

In dieser Nacht auf Wolke Sieben
kam er aus der Unendlichkeit,
ist bei uns geblieben,
begleitet uns nun durch die Zeit.

Sagt uns jeden Augenblick:
„Das Universum ist ganz nah und offen,
will für euch das Lebensglück,
ihr dürft immer darauf hoffen."

Das Leben führt Regie

Dieser Blick, so strahlend offen,
zieht mich magisch an,
dieses Lächeln lässt mich hoffen,
fasziniert in mir den Mann.

Spüre diese Energie,
die unsere Seelen jetzt berührt.
Mein Herz, es pocht wie nie,
was mich nun zur Tat verführt.

Frage dich ganz ungeniert,
lade dich zum Essen ein,
denke, bange, hoffe, bin verwirrt,
wirst du auch einverstanden sein?

Das Lächeln wird noch breiter,
der Schelm, er führt auch dich,
und du sagst ganz heiter:
„Danke, da freu ich mich."

Zu Ende ist das Warten,
ich bin bei dir und hole dich,
wir sitzen in dem Garten,
wunderschön ist das für mich.

Höre deine Stimme, bin jetzt ganz bei dir,
öffne mich für diese Energie,
merke nicht, wie ich mich mehr und mehr verlier,
das Leben führt jetzt die Regie.

Breiten unser Leben voreinander aus,
spüren, dass wir uns vertrauen,
es sprudelt aus dem Herzen raus,
Ehrlichkeit, auf die wir bauen.

Nähe hüllt uns langsam ein,
zieht uns unwahrscheinlich an,
dieser Augenblick muss magisch sein,
hält uns fest in seinem Bann.

Ein zartes Band, es ist geknüpft,
verbindet uns und gibt uns Halt,
das Herz in Freude hüpft,
wissend, unser Wiedersehn ist bald.

Ein wunderbarer Abend geht zu Ende,
ich greife still nach deiner Hand,
diese Nähe spricht doch Bände,
gehst du mit ins Abenteuerland?

Lassen wir uns fallen,
in ein Wolkenmeer aus Leben,
wie die Worte schallen,
und die Herzen beben.

Dein Blick ist tief und klar,
wir spüren diese Energie,
die Gefühle sind so wahr,
unser Leben führt Regie.

Tauchen ein in unser Sein,
machen langsam unsre Schritte,
wollen nichts bereun,
Bleib doch, Glück, ist unsre Bitte.

Entdecken unsere Zärtlichkeit,
streicheln, zart und liebevoll,
küssen voller Innigkeit,
sind so liebestoll.

Schweben ganz auf Wolke Sieben,
Glückseligkeit erfüllt die Herzen,
genießen uns zu lieben,
im Schein der goldnen Kerzen.

Gehn gemeinsam in die Zukunft nun,
tanzen, lieben, lachen,
denn unser beider Tun
soll uns nur mehr Freude machen.

Haben eine Chance erhalten,
für eine neue Lebenszeit,
wollen unser Glück behalten,
bis in die Ewigkeit.

Es ist

Es ist,
spürbar,
fühlbar,
klar.

Es ist,
unbegreiflich,
zärtlich,
herrlich.

Es ist,
da und noch nicht hier,
was ich sah,
kommt es zu mir?

Es ist,
so spüre ich,
so fühle ich,
dich.

Morgentau

Herrlich kühl und frisch
ist die Luft an diesem Morgen,
atme tief jetzt durch, und zisch,
verblas ich meine Sorgen.

Puste sie hinaus in die Unendlichkeit,
überlasse sie jetzt Gottes Liebe,
fühle mich so tief befreit,
Glück, das ewig bliebe.

Bete ich in meinem Herzen,
während ich dahinspazier,
erlöst von meinen Schmerzen
freu ich mich im Jetzt und Hier.

Morgentau benetzt die Füße mir,
das Gras umschmeichelt meine Beine,
Morgentau, bist du auch bei ihr,
du weißt schon, wen ich meine.

Jede Blüte hast du wachgeküsst
in meinem Garten hier,
jeder Tropfen fließt
durch mein Herz zu ihr.

Benetzt die Lippen ihr
und küsst sie zart,
Morgentau, berichte ihr,
dass ich auf ewig wart.

So sind verbunden wir
durch dich jetzt jeden Tag,
Morgentau, erzähl es ihr,
wie sehr ich sie doch mag.

Morgentau, du gibst dem Leben Kraft
und lässt die Blumen sprießen,
Morgentau, dieser Tropfen ist mein Lebenssaft,
ich sende ihn zu ihr, lass meine Liebe fließen.

Sommerwind

Langsam durch den Garten gehen,
all die Schönheit sehen,
herrlich, dieser Blumenduft,
in der warmen Sommerluft.

Horch, wie in den Bäumen
es die Vögel nicht versäumen,
zwischen Ast und Blättern
ihr schönstes Lied zu schmettern.

Es säuselt sanft der Sommerwind,
erzählt dir und dem Seelenkind
Geschichten aus der weiten Ferne,
und du denkst, die hör ich gerne.

Spürst die Kraft und Energie
jetzt so stark wie nie,
durchdringt dich und dein Sein,
macht die Seele klar und rein.

Mein Garten ist ein Segen pur,
verschenkt die Schönheit der Natur,
mir jeden Abend stets aufs Neue,
auf dass ich jeden Tag mich freue.

Dankbar pocht das Herz mir in der Brust,
versprüht die höchste Lebenslust,
tanzt und lacht und singt,
ist ja so beschwingt.

Noch einmal streicht er durch die Haare mir,
als wäre es die Hand von dir,
Gefühle neu geboren sind,
durch den warmen Hauch vom Sommerwind.

Loslassen

Ich sitze da und spüre deine Wärme,
ich sitze da und spüre deine Liebe,
ich sitze da und schwärme
davon, dass es so bliebe.

Ich sitze da und spüre deine Hände,
ich sitze da und spüre deine Küsse,
ich sitze da und fände,
bleibe hier, du Süße.

Ich sitze da und spüre mein Glück,
ich sitze da und spüre, wie ich wein,
ich sitze da und senke meinen Blick
tief in mein Herz hinein.

Ich sitze da und spüre, es muss jetzt sein,
ich sitze da und weiß, dass es passiert,
ich sitze da und wein,
weil mir das Herz gefriert.

Und tief in meiner Seele spüre ich,
dass wir ganz fest verbunden,
unsere Herzen umarmen sich,
sind ganz in sich versunken.

Lassen los jetzt voneinander,
streicheln sich,
drücken sich ganz fest noch aneinander,
küssen sich.

Meine Seele schmerzt und weint,
sieht dir voller Sehnsucht hinterher.
Sind wir dereinst doch vereint?
Wie schön das für uns wär.

Ein Gebet steigt in den Äther,
voller Inbrunst ausgesprochen,
lieber Gott, du gütiger Retter,
lass unsere Herzen nicht vergeblich pochen.

Nachtlaterne

Stille schwarze Nacht,
Laterne, leuchte mir
zwischen dieser Häuser Pracht,
dass ich find den Weg zu ihr.
Nachtlaterne, erhelle diese schwarze Nacht.

Eine Träne

Es ist so lange her,
dass du warst bei mir,
das Warten ist so schwer,
rufe jeden Tag nach dir.

Meine Seele ist verbunden,
umarmt dich jeden Tag,
streichelt meine Wunden,
tröstet mich, so gut sie es vermag.

Am Abend sag ich: „Gute Nacht“,
segne dich und kuschel mich in deine Arme,
sende meine Wünsche an die höhere Macht,
hoffend, dass sie sich erbarme.

Die Sehnsucht steigt empor,
tief aus meinem Herzen,
eine Träne tritt hervor,
besiegelt mein Schmerzen.

Die Wege haben sich berührt

Aus, es ist vorbei,
gemeinsam unter einem Dach,
ein Leben für uns zwei,
nein, wir sind zu schwach.

Aus, es ist vorbei,
das Leben hat entschieden.
Sei es, wie es sei,
Stärke ist uns jetzt beschieden.

Die Begegnung war so wertvoll,
voller Tiefe und Verstehen,
die Erkenntnis ist es wohl,
die uns lässt nun weitergehen.

Erkenntnis für dein Leben,
Erkenntnis für das Sehnen tief in dir,
lässt dich weiterstreben,
du gehörst nur dir.

Deine Liebe gilt es zu erkennen,
ist so groß und frei,
kannst du nicht benennen,
reserviert nicht für uns zwei.

Deine Liebe ist so allumfassend,
offen für die ganze Welt,
so ein Mann ist gar nicht passend,
ist es nicht, was für dich zählt.

Der Augenblick ist wunderschön,
Gemeinsamkeit berührt die Seelen,
dennoch heißt es weitergehn,
wir können nicht mehr wählen.

Müssen unsern Lebensweg zu Ende schreiten,
genau wie er gedacht,
kannst mich ein Stück begleiten,
soweit es das Schicksal möglich macht.

Dein Weg ist anders als der meine,
führt dich in deine Zukunft nun,
mein Weg ist anders als der deine,
führt mich in meine Zukunft nun.

Die Wege haben sich berührt,
die Herzen sich getroffen,
haben es genau gespürt,
wie sie sich Liebe pur erhoffen.

Hast mich eingeweiht in deine Welt,
mir diesen Augenblick gezeigt,
hast mich ausgewählt,
wissend, ich bin dafür bereit.

In unser beider Herzen,
hat dieser Augenblick bewegt,
in unser beider Herzen,
ist dieser Augenblick belegt.

Du bist ein Seelenteil von mir,
hast ihn mir zurückgegeben,
wie dankbar bin ich dir
für diesen großen Segen.

Gedankenstille

Müde bin ich, geh zur Ruh,
schließe meine Augen zu,
doch der Kopf ist unentspannt,
wird von Gedanken überrannt.

Betrachte sie und lass sie gehen,
entspanne, du wirst sehen,
langsam wird der Kopf ganz frei,
der Alltag wird dir einerlei.

Siehst die schönen Augenblicke,
die der Tag dir schickte,
empfindest Dankbarkeit für diesen Tag,
denkst, dass Gott dich mag.
So gleitest du ganz sanft in deinen Traum,
die Hektik hat jetzt keinen Raum,
das Glück und die Zufriedenheit
haben dich davon befreit.

Möge jeder Tag für dich ein glücklicher Tag sein!
Das wünsche ich dir von Herzen!

Der Autor

Ernst Günther wurde 1961 in Niederösterreich geboren. Er schloss die HTL mit Schwerpunkt Elektrotechnik ab und absolvierte noch weitere Ausbildungen und Prüfungen im technischen Sektor, die ihm den Weg zum selbstständigen Unternehmer ebneten. Er ist im Bereich Elektro-, Heizungs- und Sanitärinstallation tätig.
Ernst Günther folgte schließlich seiner Intuition und öffnete sich der Spiritualität. So fand er den Raum, seine Geduld und sein Einfühlungsvermögen voll zu entfalten. Die Impulse, Gedichte zu verfassen, erreichten ihn so ebenfalls und er veröffentlichte 2019 seinen ersten Band im Selbstverlag.
Neben Meditation und Lesen widmet er sich in seiner Freizeit auch den abenteuerlichen Aktivitäten des Motorradfahrens oder dem Schießsport. Freiheit und Unabhängigkeit, Eigenverantwortung in seinem Tun und Handeln, aber auch Engagement für das große Ganze charakterisieren seinen Lebensweg. Der Unternehmer ist verheiratet und hat einen Sohn sowie eine Tochter.